www.ingramcontent.com/pod-product-compliance
Lightning Source LLC
Chambersburg PA
CBHW081736220526
45468CB00008B/2119
* 9 7 8 1 7 9 5 3 6 8 0 1 8 *